Impressum
Verlag: BABADADA GmbH, Nedderfeld 112 , 22529 Hamburg
Geschäftsführer / Verlagsleitung: Harald Hof
Druck: Books on Demand GmbH, In de Tarpen 42, 22848 Norderstedt

Imprint
Publisher: BABADADA GmbH, Nedderfeld 112 , 22529 Hamburg, Germany
Managing Director / Publishing direction: Harald Hof
Print: Books on Demand GmbH, In de Tarpen 42, 22848 Norderstedt

school

school

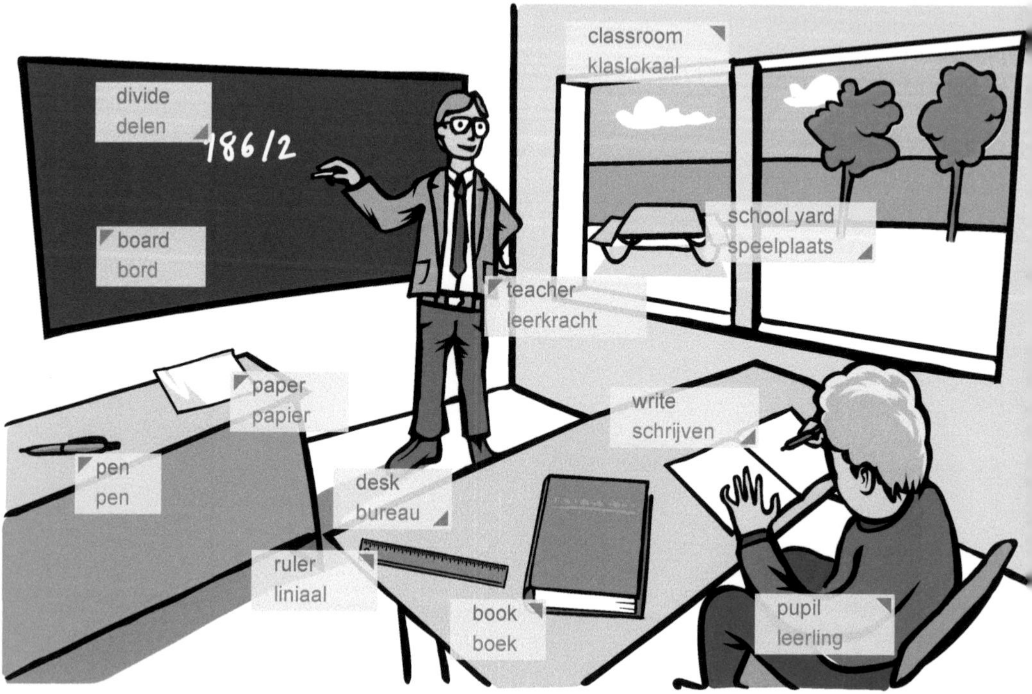
classroom
klaslokaal
divide
delen
186/2
board
bord
school yard
speelplaats
teacher
leerkracht
paper
papier
write
schrijven
pen
pen
desk
bureau
ruler
liniaal
book
boek
pupil
leerling

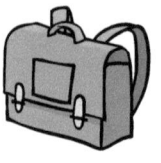

satchel

schooltas

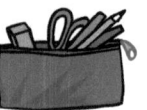

pencil case

pennenzak

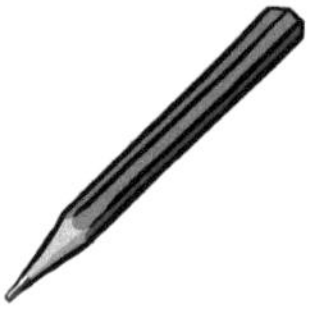

pencil

potlood

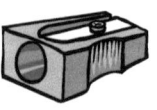

pencil sharpener

puntenslijper

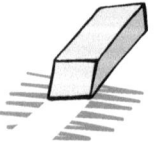

rubber

gom

drawing pad

tekenblok

drawing
tekening

paintbrush
verfborstel

paint box
verfdoos

scissors
schaar

glue
lijm

exercise book
werkboek

homework
huiswerk

number
nummer

add
optellen

subtract
aftrekken

multiply
vermenigvuldigen

calculate
rekenen

letter
letter

alphabet
alfabet

word
woord

text
tekst

read
Lezen

chalk
krijt

lesson
les

register
klassenboek

examination
examen

certificate
certificaat

school uniform
schooluniform

education
onderwijs

encyclopedia
encyclopedie

university
universiteit

microscope
microscoop

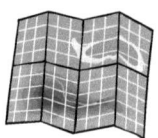

map
kaart

waste-paper basket
papiermand

travel
reis

hotel
hotel
Grand
hostel
jeugdherberg
ROOMS
EXCHANGE
currency exchange office
wisselkantoor
suitcase
koffer
car
auto

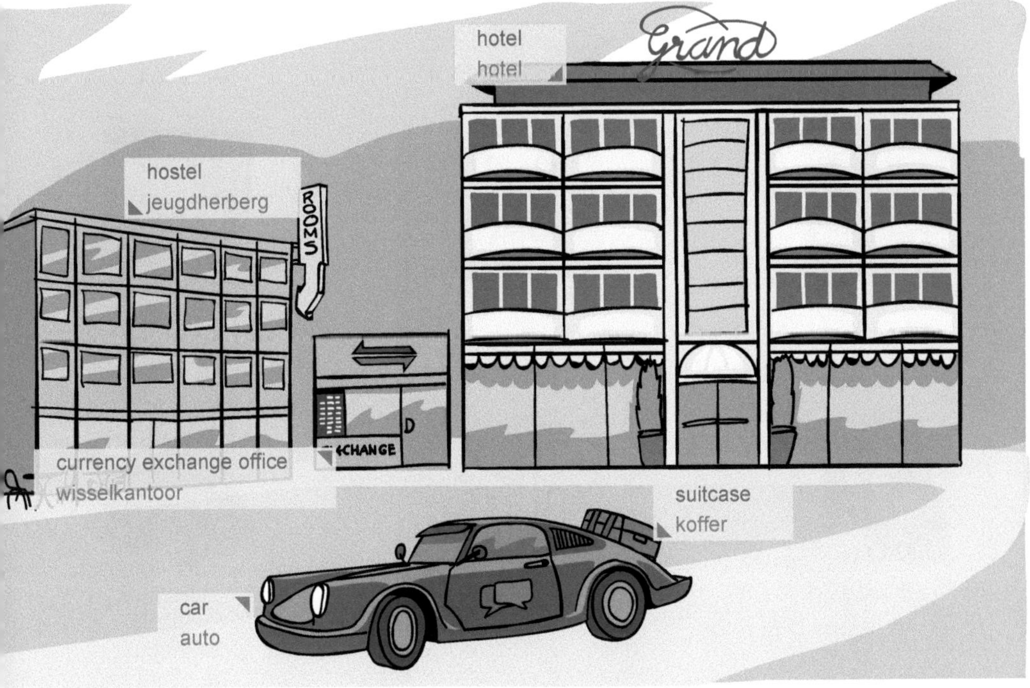

language

Taal

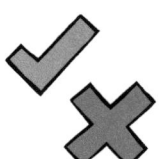

yes / no

ja / nee

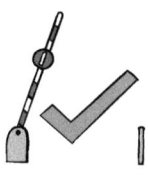

Okay

oké

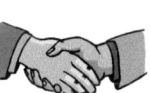

hello

hallo

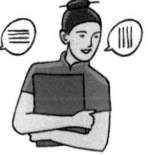

translator

vertaler

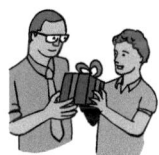

Thank you

bedankt

how much is...?

Hoeveel kost ...?

I don't get it

Ik begrijp het niet

problem

probleem

Good evening!

Goedenavond!

Good morning!

Goedemorgen!

Good night!

Goedenavond!

goodbye

Tot ziens

direction

richting

luggage

bagage

bag

zak

backpack

rugzak

guest

gast

room

kamer

sleeping bag

slaapzak

tent

tent

tourist information

toeristeninformatie

beach

strand

credit card

kredietkaart

breakfast

ontbijt

lunch

lunch

dinner

avondeten

Ticket

ticket

elevator

lift

stamp

postzegel

border

grens

customs

douane

embassy

ambassade

visa

visum

passport

paspoort

transport
transport

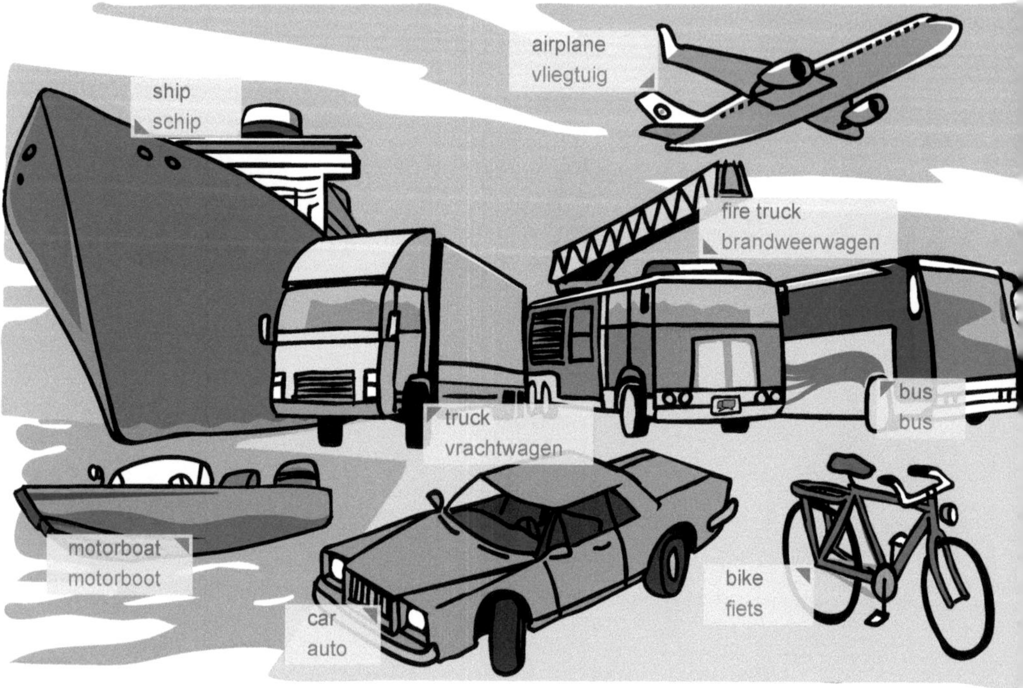

airplane
vliegtuig
ship
schip
fire truck
brandweerwagen
bus
bus
truck
vrachtwagen
motorboat
motorboot
bike
fiets
car
auto

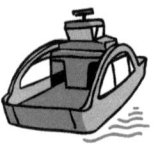

ferry
veerboot

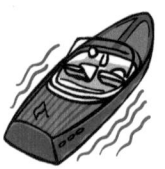

boat
boot

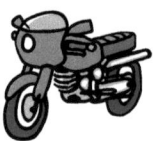

motorbike
motor

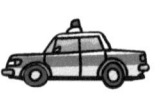

police car
politiewagen

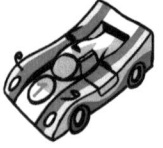

racing car
racewagen

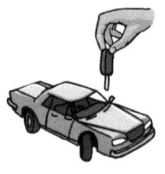

rental car
huurauto

car sharing

carpoolen

tow truck

sleepwagen

garbage truck

vuilniswagen

engine

motor

fuel

benzine

fuel station

benzinestation

traffic sign

verkeersbord

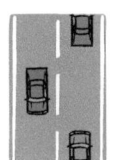

traffic

verkeer

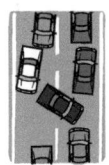

traffic jam

file

parking lot

parkeerplaats

train station

station

tracks

sporen

train

trein

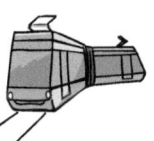

tram

tram

wagon

wagon

transport - transport

helicopter
helikopter

airport
luchthaven

tower
toren

passenger
passagier

container
container

carton
karton

cart
kar

basket
mand

take off / land
opstijgen / landen

city

stad

village
dorp

city center
stadscentrum

house
huis

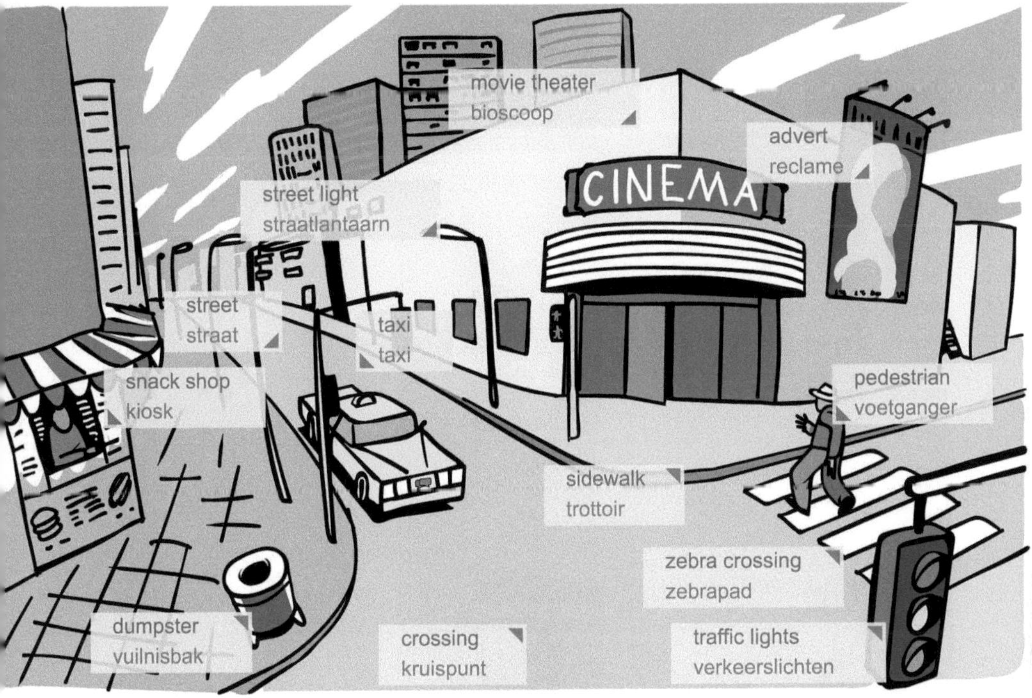

movie theater
bioscoop

advert
reclame

street light
straatlantaarn

CINEMA

street
straat

taxi
taxi

snack shop
kiosk

pedestrian
voetganger

sidewalk
trottoir

zebra crossing
zebrapad

dumpster
vuilnisbak

crossing
kruispunt

traffic lights
verkeerslichten

hut
hut

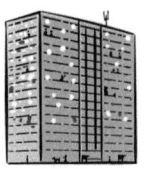

apartment
woning

train station
station

city hall
stadshuis

museum
museum

school
school

university

universiteit

bank

bank

hospital

ziekenhuis

hotel

hotel

pharmacy

apotheek

office

kantoor

book shop

boekwinkel

shop

winkel

flower shop

bloemenwinkel

supermarket

supermarkt

market

markt

department store

warenhuis

fishmonger's shop

vishandelaar

mall

winkelcentrum

harbor

haven

park
park

bench
bank

bridge
brug

stairs
trap

subway
metro

tunnel
tunnel

bus stop
bushalte

bar
bar

restaurant
restaurant

postbox
brievenbus

street sign
straatnaambord

parking meter
parkeermeter

zoo
zoo

swimming pool
zwembad

mosque
moskee

farm
boerderij

pollution
milieuverontreiniging

cemetery
kerkhof

church
kerk

playground
speelplaats

temple
tempel

landscape
landschap

leaf
blad

signpost
wegwijzer

path
weg

meadow
weide

stone
steen

hiker
wandelaar

tree
boom

river
rivier

grass
gras

flower
bloem

valley
vallei

hill
heuvel

lake
meer

forest
bos

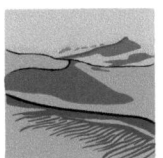

desert
woestijn

volcano
vulkaan

castle
kasteel

rainbow
regenboog

mushroom
paddenstoel

palm tree
palmboom

mosquito
mug

fly
vlieg

ant
mier

bee
bijl

spider
spin

beetle

kever

frog

kikker

squirrel

eekhoorn

hedgehog

egel

hare

haas

owl

uil

bird

vogel

swan

zwaan

boar

wild zwijn

deer

hert

moose

eland

dam

dam

wind turbine

windturbine

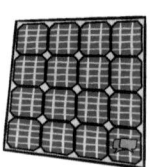

solar panel

zonnepaneel

climate

klimaat

restaurant
restaurant

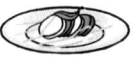

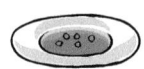

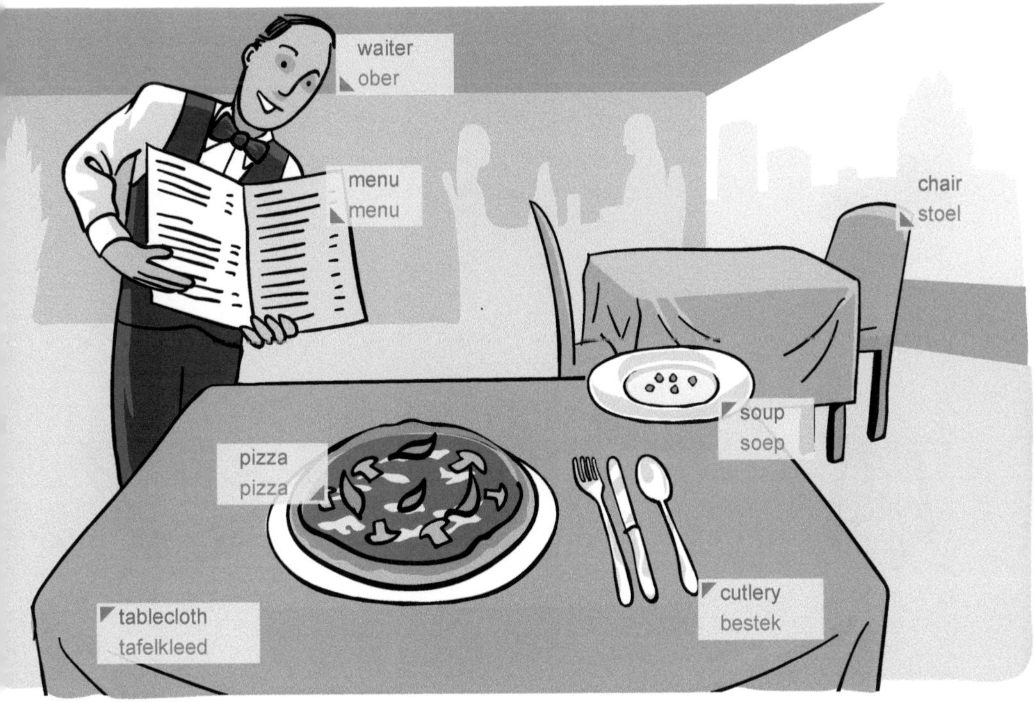
waiter
ober
menu
menu
chair
stoel
soup
soep
pizza
pizza
cutlery
bestek
tablecloth
tafelkleed

starter
voorgerecht

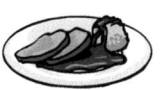

main course
hoofdgerecht

dessert
nagerecht

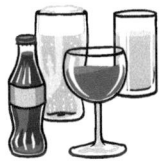

drinks
drankjes

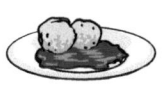

food
eten

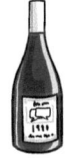

bottle
fles

fast food
....
fastfood

street food
....
street food

teapot
....
theepot

sugar bowl
....
suikerpot

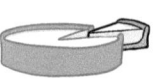

portion
....
portie

espresso machine
....
espressomachine

high chair
....
kinderstoel

bill
....
rekening

tray
....
dienblad

knife
....
mes

fork
....
vork

spoon
....
lepel

teaspoon
....
theelepel

serviette
....
serviette

glass
....
glas

plate

bord

soup plate

soepbord

saucer

schoteltje

sauce

saus

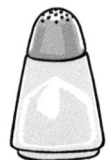

salt shaker

zoutvatje

pepper mill

pepermolen

vinegar

azijn

oil

olie

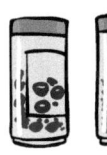

spices

kruiden

ketchup

ketchup

mustard

mosterd

mayonnaise

mayonaise

supermarket
supermarkt

special offer
aanbieding
FOR
customer
klant
dairy products
zuivelproducten
fruit
fruit
shopping cart
winkelwagen

BUTCHERS

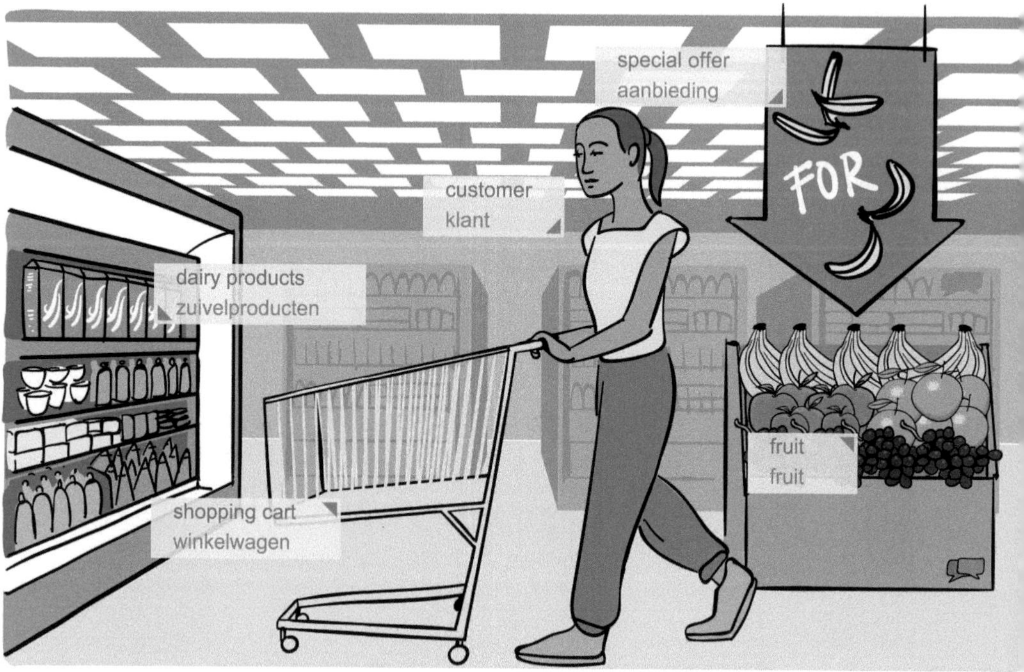

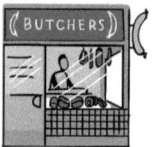

butcher's shop

slagerij

BAKERY

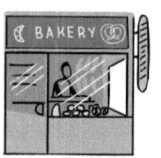

bakery

bakkerij

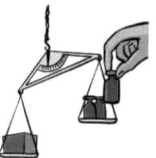

weigh

wegen

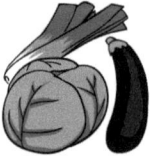

vegetables

groenten

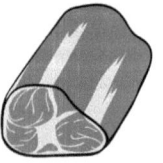

meat

vlees

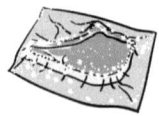

frozen food

diepvriesvoedsel

cold cuts

charcuterie

canned food

conserven

detergent

waspoeder

candy

snoep

household products

huishoudproducten

cleaning products

schoonmaakproducten

sales representative

verkoopster

cash register

kassa

cashier

kassier

shopping list

boodschappenlijstje

opening hours

openingstijden

wallet

portefeuille

credit card

kredietkaart

bag

tas

plastic bag

plastieken zakje

drinks
drankjes

water
water

juice
sap

milk
melk

coke
cola

wine
wijn

beer
bier

alcohol
alcohol

cocoa
cacao

tea
thee

coffee
koffie

espresso
espresso

cappuccino
cappuccino

banana

banaan

apple

appel

orange

sinaasappel

melon

meloen

lemon

citroen

carrot

wortel

garlic

knoflook

bamboo

bamboe

onion

ajuin

mushroom

champignon

nuts

noten

noodles

noodles

spaghetti

spaghetti

rice

rijst

salad

salade

fries

frieten

fried potatoes

gebakken aardappelen

pizza

pizza

hamburger

hamburger

sandwich

sandwich

escalope

kalfslapje

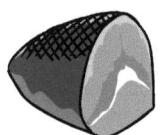

ham

ham

salami

salami

sausage

worst

chicken

kip

roast

braden

fish

vis

porridge oats

havervlokken

muesli

muesli

cornflakes

cornflakes

flour

bloem

croissant

croissant

bread roll

pistolet

bread

brood

toast

toast

cookies

koekjes

butter

boter

curd

kwark

cake

taart

egg

ei

fried egg

spiegelei

cheese

kaas

food - eten

ice cream

ijs

sugar

suiker

honey

honing

jelly

confituur

nougat cream

choco

curry

curry

farm
boerderij

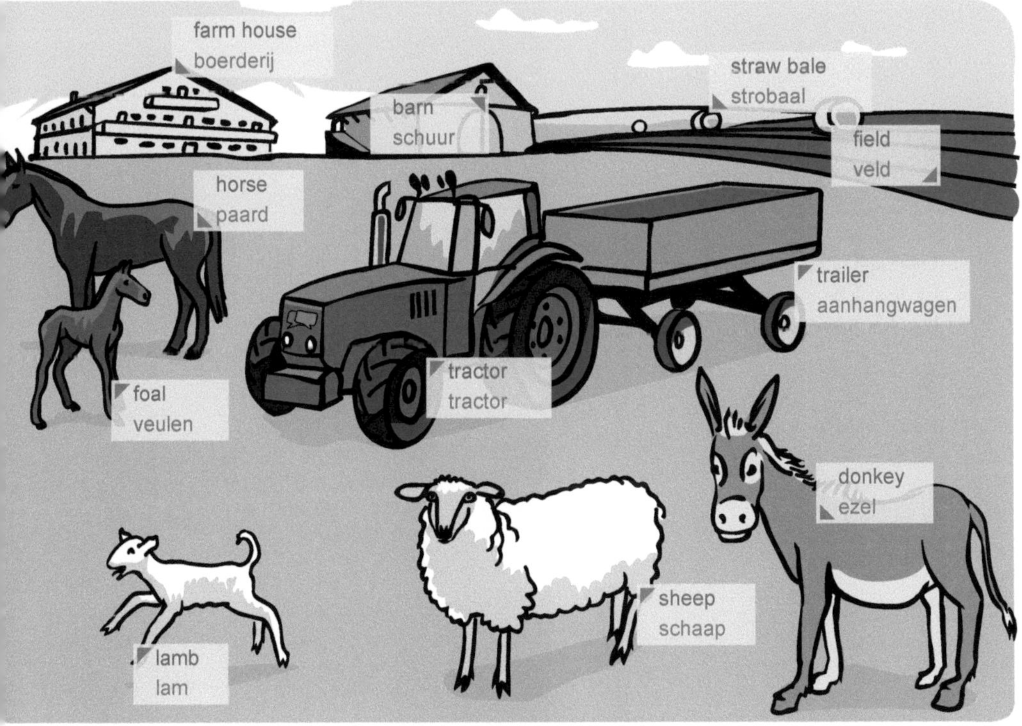
farm house
boerderij
barn
schuur
straw bale
strobaal
field
veld
horse
paard
trailer
aanhangwagen
foal
veulen
tractor
tractor
donkey
ezel
sheep
schaap
lamb
lam

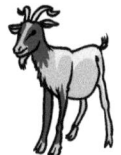

goat
geit

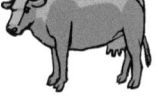

cow
koe

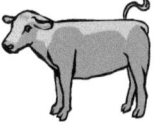

calf
kalf

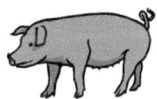

pig
varken

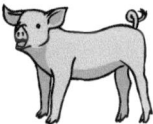

piglet
biggetje

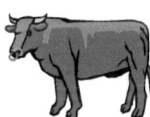

bull
stier

goose

gans

duck

eend

chick

kuiken

hen

kip

cockerel

haan

rat

rat

cat

kat

mouse

muis

ox

os

dog

hond

dog house

hondenhok

garden hose

tuinslang

watering can

gieter

scythe

zeis

plow

ploeg

farm - boerderij

sickle

sikkel

hoe

schoffel

pitchfork

hooivork

axe

bijl

pushcart

kruiwagen

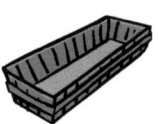

trough

trog

milk can

melkkan

sack

zak

fence

hek

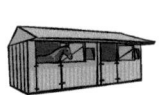

stable

stal

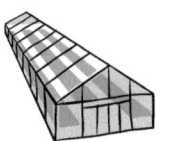

greenhouse

broeikas

soil

bodem

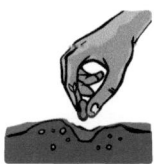

seed

zaad

fertilizer

mest

combine harvester

maaidorser

harvest

oogsten

harvest

oogst

yams

yam

wheat

tarwe

soya

soja

potato

aardappel

corn

maïs

rapeseed

koolzaad

fruit tree

fruitboom

manioc

maniok

grain

graan

house
huis

chimney
schoorsteen
roof
dak
downspout
regenpijp
window
raam
doorbell
deurbel
garage
garage
door
deur
trash can
vuilnisbak
mailbox
brievenbus
garden
tuin

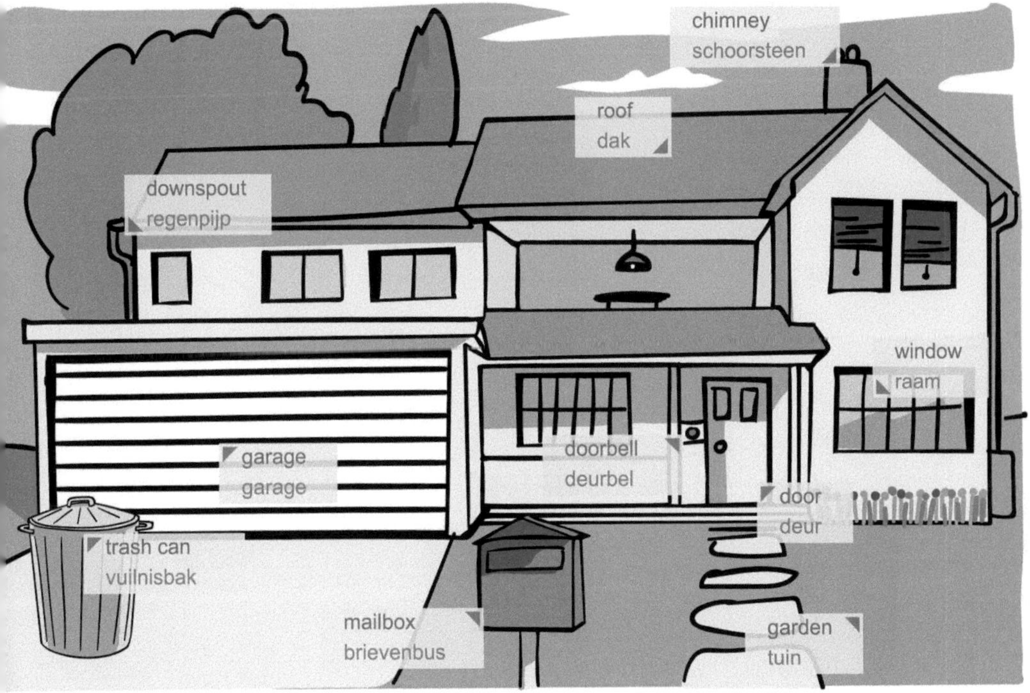

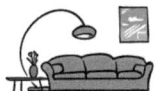

living room

woonkamer

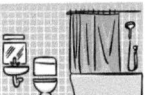

bathroom

badkamer

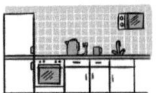

kitchen

keuken

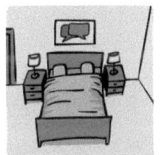

bedroom

slaapkamer

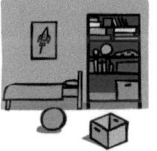

kids room

kinderkamer

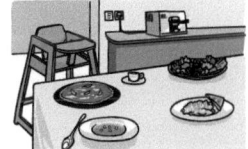

dining room

eetkamer

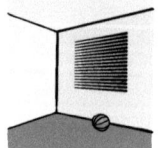

floor

vloer

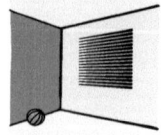

wall

muur

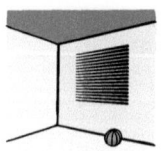

ceiling

plafond

cellar

kelder

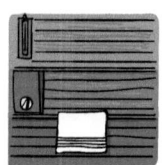

sauna

sauna

balcony

balkon

terrace

terras

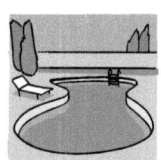

pool

zwembad

lawn mower

grasmaaier

sheet

dekbedovertrek

bedspread

dekbed

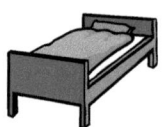

bed

bed

broom

bezem

bucket

emmer

switch

schakelaar

living room
woonkamer

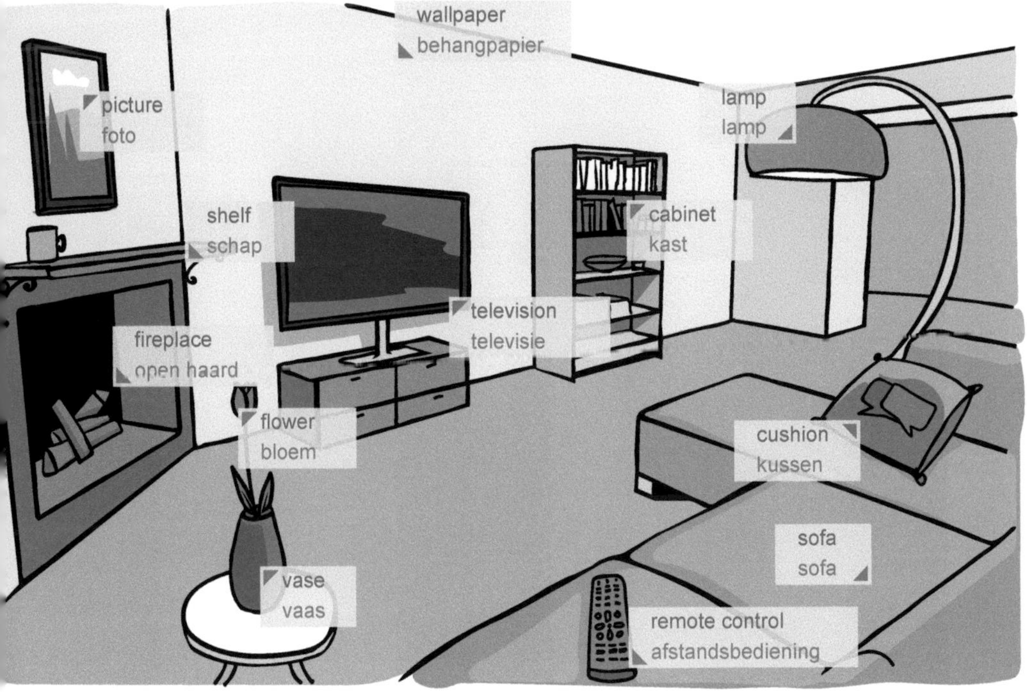
wallpaper
behangpapier
picture
foto
lamp
lamp
shelf
schap
cabinet
kast
television
televisie
fireplace
open haard
flower
bloem
cushion
kussen
sofa
sofa
vase
vaas
remote control
afstandsbediening

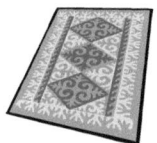

carpet
mat

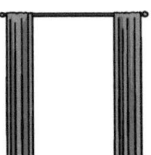

drape
gordijn

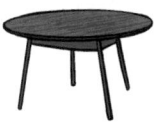

table
tafel

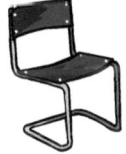

chair
stoel

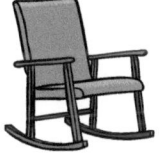

rocking chair
schommelstoel

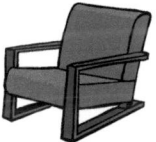

armchair
fauteuil

book

boek

blanket

deken

decoration

decoratie

firewood

brandhout

film

film

stereo system

stereo-installatie

key

sleutel

newspaper

krant

painting

schilderij

poster

poster

radio

radio

notebook

notitieboekje

vacuum cleaner

stofzuiger

cactus

cactus

candle

kaars

kitchen
keuken

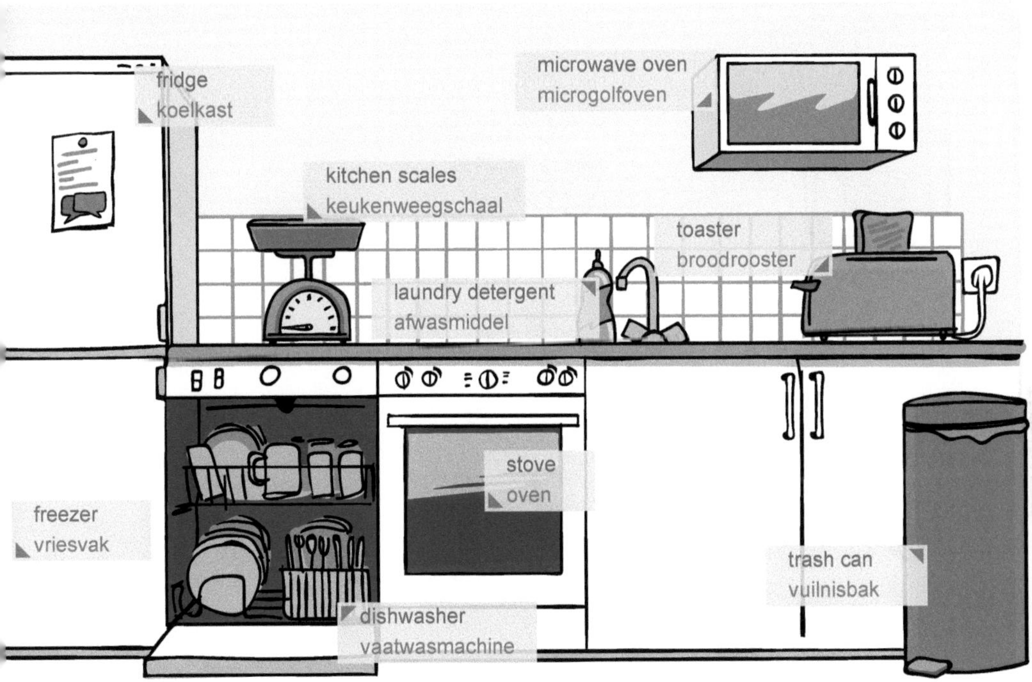
fridge
koelkast
microwave oven
microgolfoven
kitchen scales
keukenweegschaal
toaster
broodrooster
laundry detergent
afwasmiddel
stove
oven
freezer
vriesvak
trash can
vuilnisbak
dishwasher
vaatwasmachine

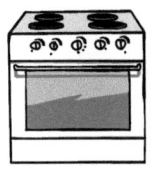

cooker

fornuis

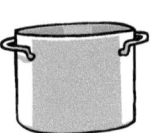

pot

pot

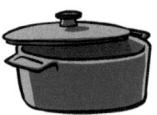

cast-iron pot

gietijzeren pot

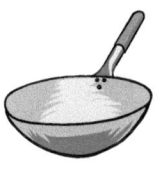

wok / kadai

wok / kadai

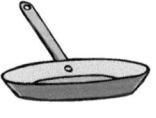

pan

pan

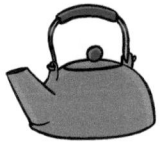

kettle

waterkoker

steamer
stoomkoker

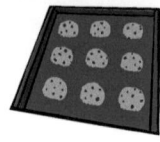

baking tray
bakplaat

crockery
servies

mug
mok

bowl
kom

chopsticks
eetstokjes

ladle
pollepel

spatula
spatel

whisk
garde

strainer
vergiet

sieve
zeef

grater
rasp

mortar
mortier

barbecue
barbecue

fireplace
haardvuur

chopping board

snijplank

rolling pin

deegrol

corkscrew

kurkentrekker

can

blik

can opener

blikopener

oven cloth

pannenlap

sink

gootsteen

brush

borstel

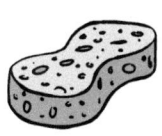

sponge

spons

blender

blender

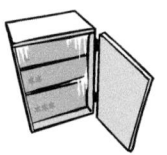

deep freezer

vriezer

baby bottle

papfles

tap

kraan

kitchen - keuken

bathroom

badkamer

heating
verwarming
towel
handdoek
shower
douche
shower curtain
douchegordijn
bubble bath
bubbelbad
bathtub
badkuip
glass
glas
washing machine
wasmachine
tap
kraan
tiles
tegels
potty
kinderpo
sink
gootsteen

toilet

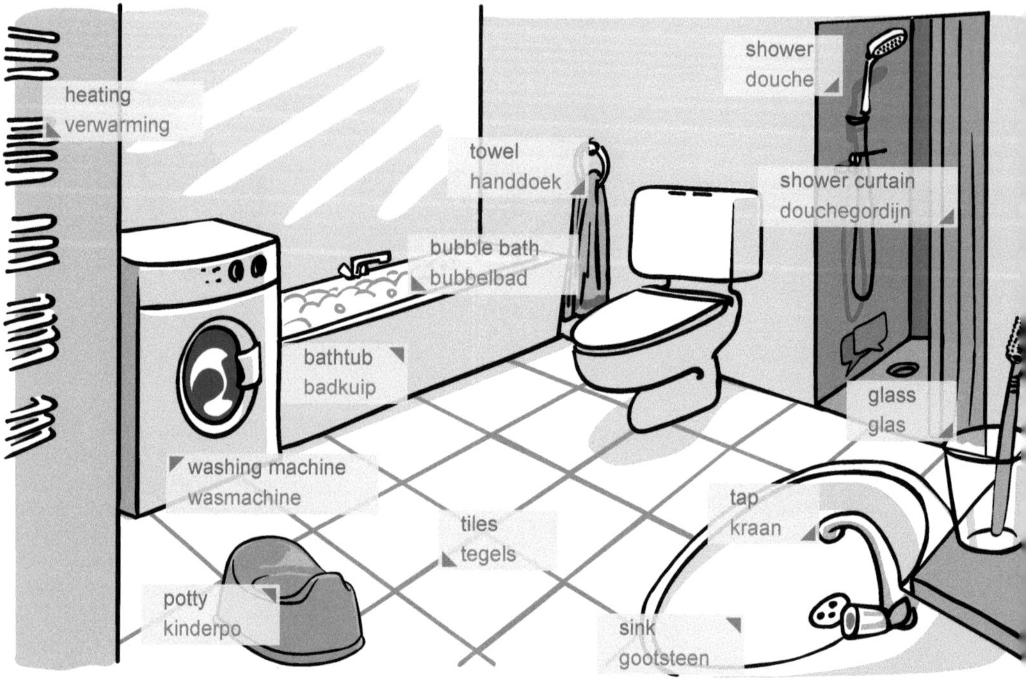

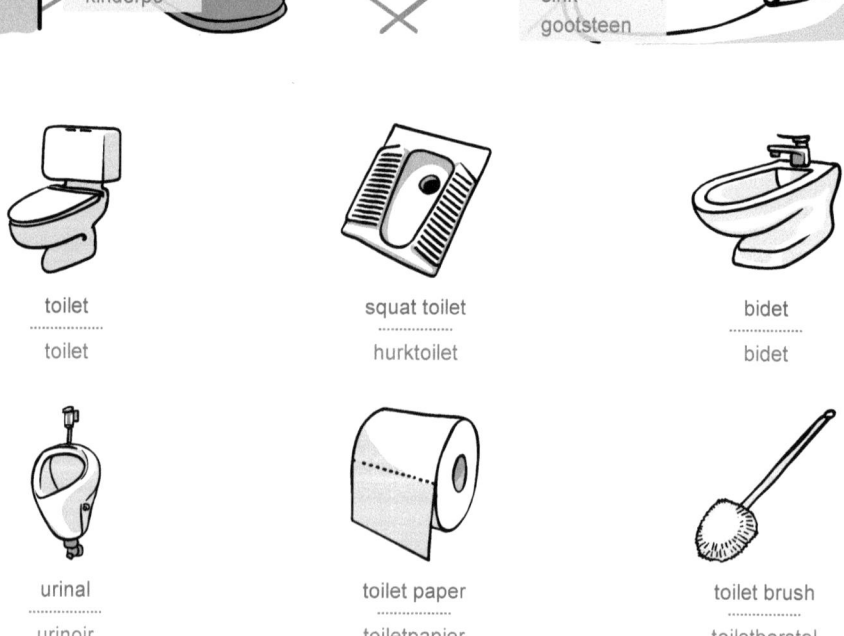

toilet

squat toilet

hurktoilet

bidet

bidet

urinal

urinoir

toilet paper

toiletpapier

toilet brush

toiletborstel

toothbrush

tandenborstel

toothpaste

tandpasta

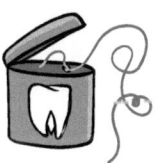

dental floss

flosdraad

wash

wassen

hand shower

handdouche

douche

bidethanddouche

basin

waskom

back brush

rugborstel

soap

zeep

shower gel

douchegel

shampoo

shampoo

flannel

washandje

drain

afvoer

creme

crème

deodorant

deodorant

mirror

spiegel

hand mirror

handspiegel

razor

scheermes

shaving foam

scheerschuim

aftershave

aftershave

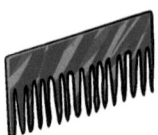

comb

kam

brush

borstel

hair-dryer

haardroger

hairspray

haarlak

makeup

make-up

lipstick

lippenstift

nail varnish

nagellak

cotton wool

watten

nail scissors

nagelknipper

perfume

parfum

washbag

toilettas

stool

kruk

weighing scales

weegschaal

bathrobe

badjas

rubber gloves

latex handschoenen

tampon

tampon

sanitary towel

maandverband

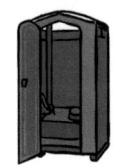

chemical toilet

chemisch toilet

kids room

kinderkamer

alarm clock
wekker
cuddly toy
knuffel
toy car
speelgoedauto
rattle
rammelaar
doll's house
poppenhuis
present
geschenk

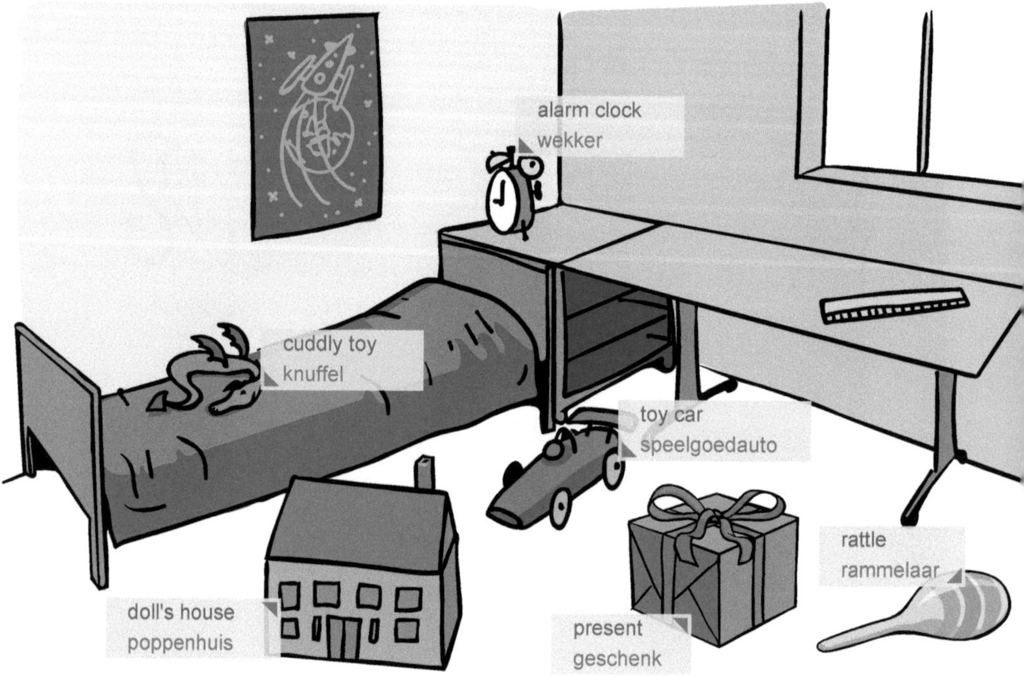

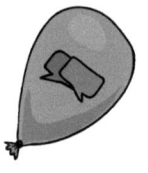

balloon

ballon

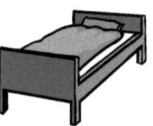

bed

bed

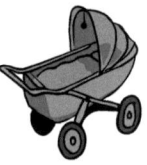

stroller

kinderwagen

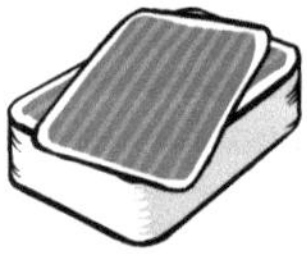

deck of cards

spel kaarten

jigsaw

puzzel

SUPER MEGA

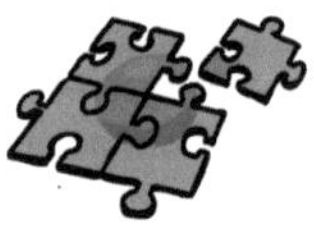

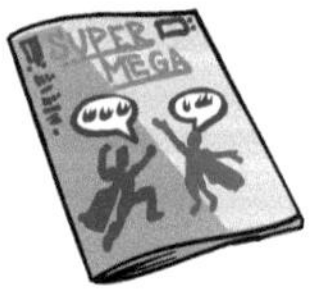

comic

stripboek

lego bricks

legoblokjes

toy blocks

blokken

action figure

actiefiguur

romper suit

krulppakje

frisbee

frisbee

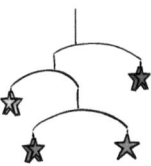

mobile

mobiel

board game

bordspel

dice

dobbelsteen

model train set

modelspoorweg

pacifier

fopspeen

party

feest

picture book

prentenboek

ball

bal

doll

pop

play

spelen

sandpit

zandbak

swing

schommel

toys

speelgoed

video game console

spelconsole

tricycle

driewieler

teddy bear

knuffelbeer

wardrobe

kleerkast

clothing

kleding

socks

sokken

stockings

kousen

tights

maillot

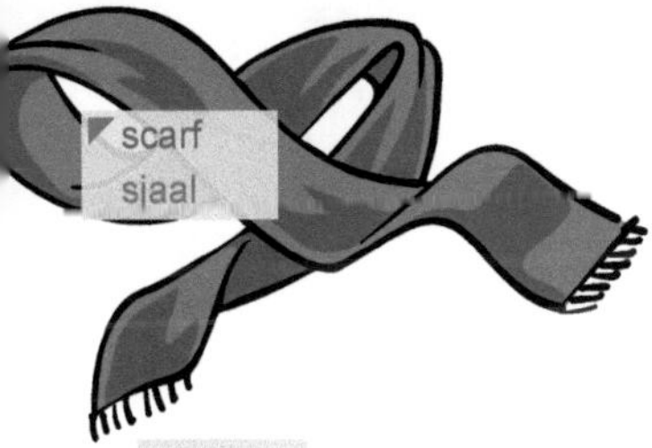

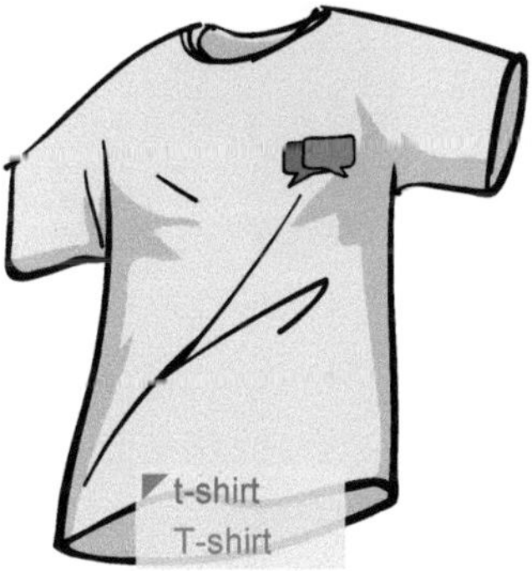

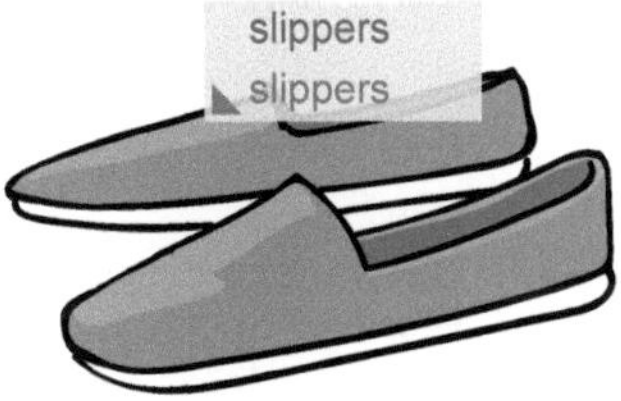

scarf
sjaal

belt
riem

umbrella
paraplu

t-shirt
T-shirt

boots
laarzen

slippers
slippers

sneakers
sneakers

sandals	shoes	rubber boots
sandalen	schoenen	rubberlaarzen
underwear	bra	undershirt
onderbroek	beha	onderhemd

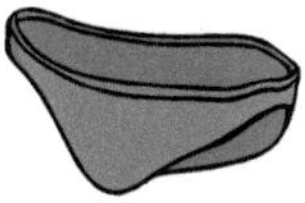

body

lichaam

pants

broek

jeans

jeans

skirt

rok

blouse

blouse

shirt

hemd

pullover

trui

sweater

capuchontrui

blazer

blazer

jacket

jas

coat

jas

raincoat

regenjas

costume

kostuum

dress

jurk

wedding dress

trouwjurk

suit

pak

nightgown

nachthemd

pajamas

pyjama

sari

sari

headscarf

hoofddoek

turban

tulband

burka

boerka

kaftan

kaftan

abaya

abaya

swimsuit

badpak

trunks

zwembroek

shorts

short

tracksuit

trainingspak

apron

schort

gloves

handschoenen

button
knoop

glasses
bril

bracelet
armband

necklace
ketting

ring
ring

earring
oorbel

cap
pet

coat hanger
kapstok

hat
hoed

tie
das

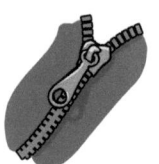

zip
rits

helmet
helm

braces
bretellen

school uniform
schooluniform

uniform
uniform

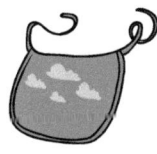

bib

slabbetje

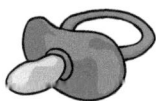

pacifier

fopspeen

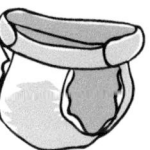

diaper

luier

office
kantoor

server
server
filing cabinet
dossierkast
paper
papier
printer
printer
monitor
monitor
mouse
muis
desk
bureau
folder
map
keyboard
toestenbord
waste-paper basket
papiermand
computer
computer
chair
stoel

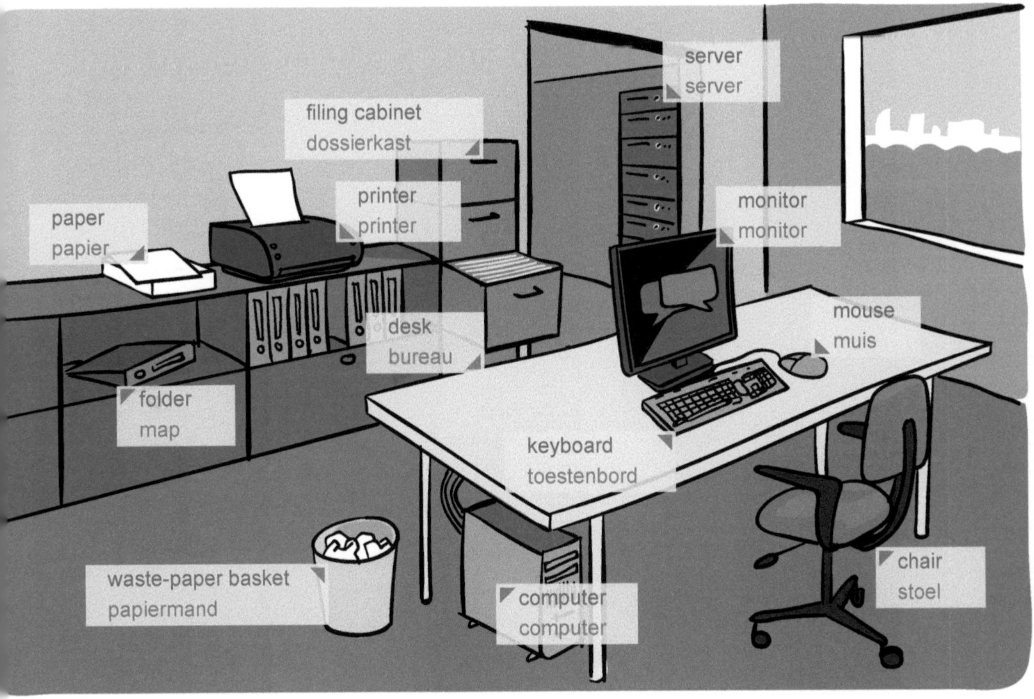

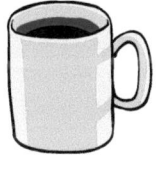

coffee mug

koffiemok

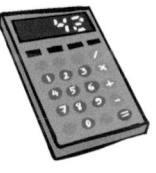

calculator

rekenmachine

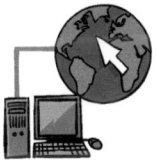

internet

internet

laptop
laptop

letter
brief

message
bericht

cell phone
gsm

network
netwerk

photocopier
kopieerapparaat

software
software

telephone
telefoon

plug socket
stopcontact

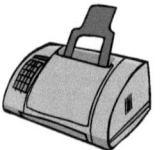

fax machine
fax

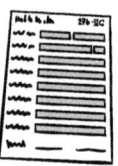

form
formulier

document
document

office - kantoor

buy
kopen

pay
betalen

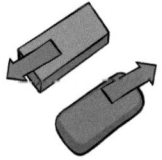

trade
handelen

money
geld

USD

dollar
dollar

EUR

euro
euro

JPY

yen
yen

RUB

rouble
roebel

CHF

Swiss franc
Zwitserse frank

CNY

renminbi yuan
Chinese renminbi

INR

rupee
roepie

cash point
geldautomaat

currency exchange office

wisselkantoor

gold

goud

silver

zilver

oil

olie

energy

energie

price

prijs

contract

contract

tax

belasting

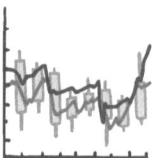

stock

aandeel

work

werken

employee

werknemer

employer

werkgever

factory

fabriek

shop

winkel

occupations
beroepen

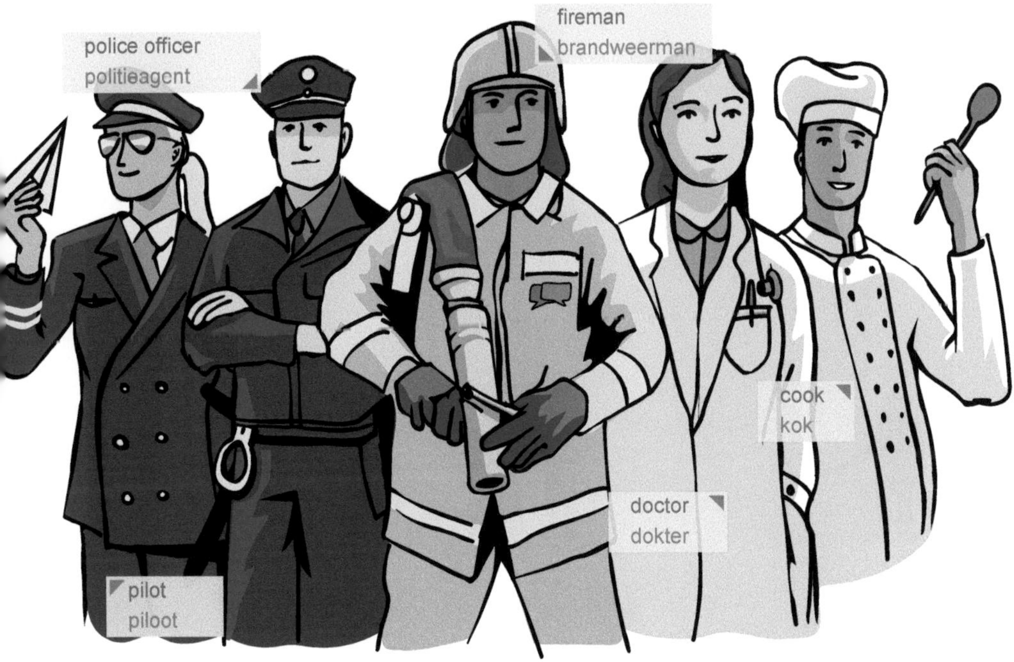
police officer
politieagent
fireman
brandweerman
cook
kok
doctor
dokter
pilot
piloot

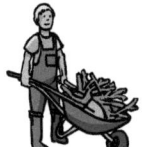

gardener

tuinman

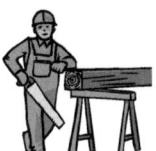

carpenter

timmerman

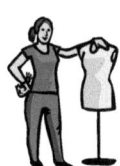

seamstress

naaister

judge

rechter

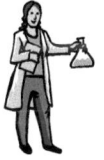

chemist

chemicus

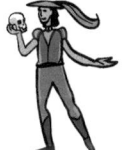

actor

acteur

bus driver

buschauffeur

taxi driver

taxichauffeur

fisherman

visser

cleaning lady

schoonmaakster

roofer

dakdekker

waiter

ober

hunter

jager

painter

schilder

baker

bakker

electrician

elektricien

builder

bouwvakker

engineer

ingenieur

butcher

slager

plumber

loodgieter

postman

postbode

soldier
soldaat

architect
architect

cashier
kassier

florist
bloemist

hairdresser
kapper

conductor
conducteur

mechanic
mecanicien

captain
kapitein

dentist
tandarts

scientist
wetenschapper

rabbi
rabbijn

imam
imam

monk
monnik

pastor
geestelijke

tools
werktuigen

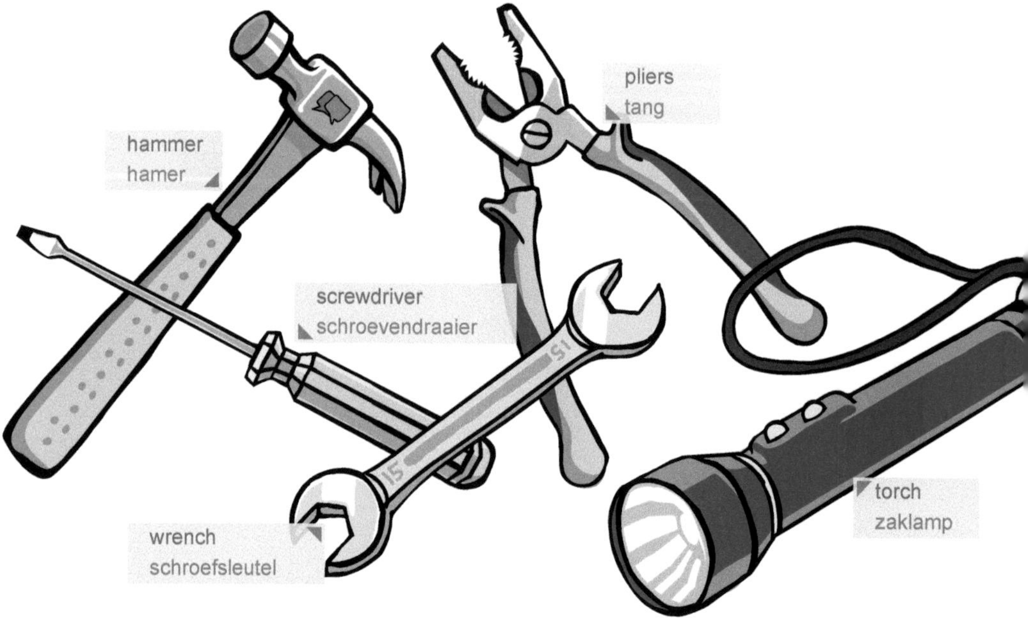

hammer
hamer
pliers
tang
screwdriver
schroevendraaier
wrench
schroefsleutel
torch
zaklamp

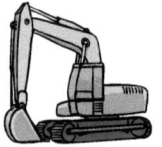

excavator
graafmachine

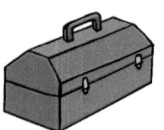

toolbox
gereedschapskoffer

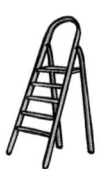

ladder
ladder

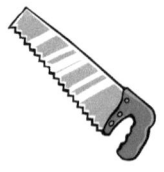

saw
zaag

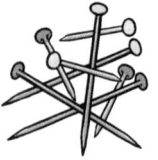

nails
spijkers

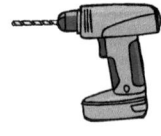

drill
boormachine

repair

repareren

shovel

schop

Damn!

Verdomme!

dustpan

blik

paint can

verfpot

screws

schroeven

musical instruments
muziekinstrumenten

loud speaker
luidspreker

drum set
drumstel

double bass
contrabas

trumpet
trompet

guitar
gitaar

piano

piano

violin

viool

bass

basgitaar

timpani

pauk

drums

trommels

keyboard

keyboard

saxophone

saxofoon

flute

fluit

microphone

microfoon

ZOO

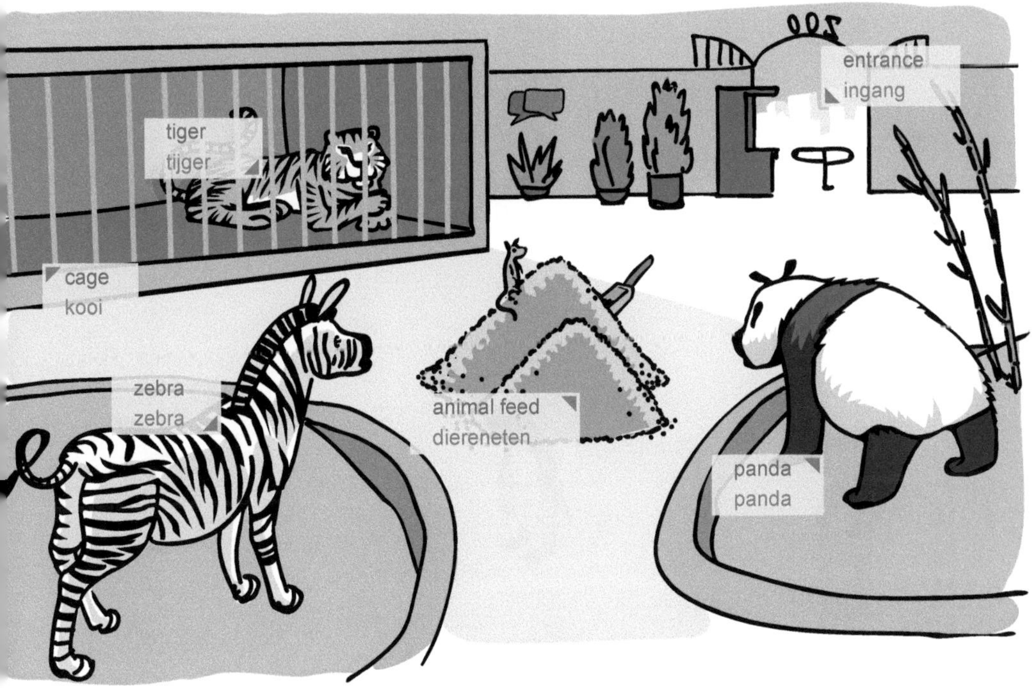
zoo
entrance
ingang
tiger
tijger
cage
kooi
zebra
zebra
animal feed
diereneten
panda
panda

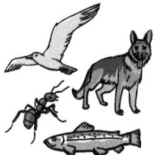

animals

dieren

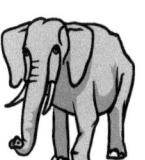

elephant

olifant

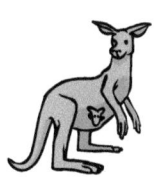

kangaroo

kangoeroe

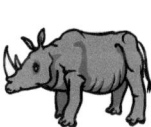

rhino

neushoorn

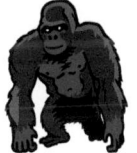

gorilla

gorilla

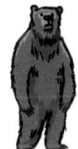

bear

beer

camel
kameel

ostrich
struisvogel

lion
leeuw

monkey
aap

flamingo
flamingo

parrot
papegaai

polar bear
ijsbeer

penguin
pinguïn

shark
haai

peacock
pauw

snake
slang

crocodile
krokodil

zookeeper
dierenverzorger

seal
zeehond

jaguar
jaguar

pony
pony

leopard
luipaard

hippo
nijlpaard

giraffe
giraffe

eagle
adelaar

boar
wild zwijn

fish
vis

turtle
zeeschildpad

walrus
walrus

fox
vos

gazelle
gazelle

American football
rugby

cycling
wielrennen

tennis
tennis

basketball
basketbal

swimming
zwemmen

boxing
boksen

ice hockey
ijshockey

soccer
voetbal

badminton
badminton

athletics
atletiek

handball
handbal

skiing
skiën

polo
polo

laugh
lachen

jump
springen

hug
knuffelen

walk
wandelen

sing
zingen

dream
dromen

pray
bidden

kiss
kussen

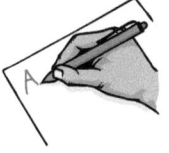

write
schrijven

draw
tekenen

show
tonen

push
duwen

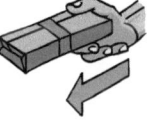

give
geven

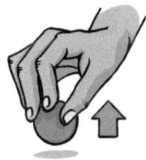

take
nemen

activities - activiteiten

have

hebben

do

doen

be

zijn

stand

staan

run

lopen

pull

trekken

throw

gooien

fall

vallen

lie

liggen

wait

wachten

carry

dragen

sit

zitten

get dressed

aankleden

sleep

slapen

wake up

ontwaken

look at

kijken naar

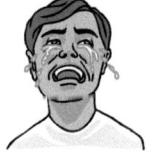

cry

wenen

stroke

aaien

comb

kammen

talk

praten

understand

begrijpen

ask

vragen

listen

luisteren

drink

drinken

eat

eten

tidy up

opruimen

love

houden van

cook

koken

drive

rijden

fly

vliegen

sail
zeilen

calculate
rekenen

read
Lezen

learn
leren

work
werken

marry
trouwen

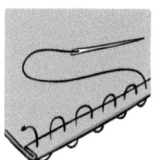

sew
naaien

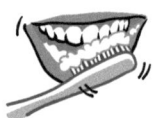

brush teeth
tandenpoetsen

kill
doden

smoke
roken

send
sturen

grandmother
grootmoeder

grandfather
grootvader

father
vader

mother
moeder

baby
baby

daughter
dochter

son
zoon

guest

gast

aunt

tante

uncle

oom

brother

broer

sister

zus

family - familie

body
lichaam

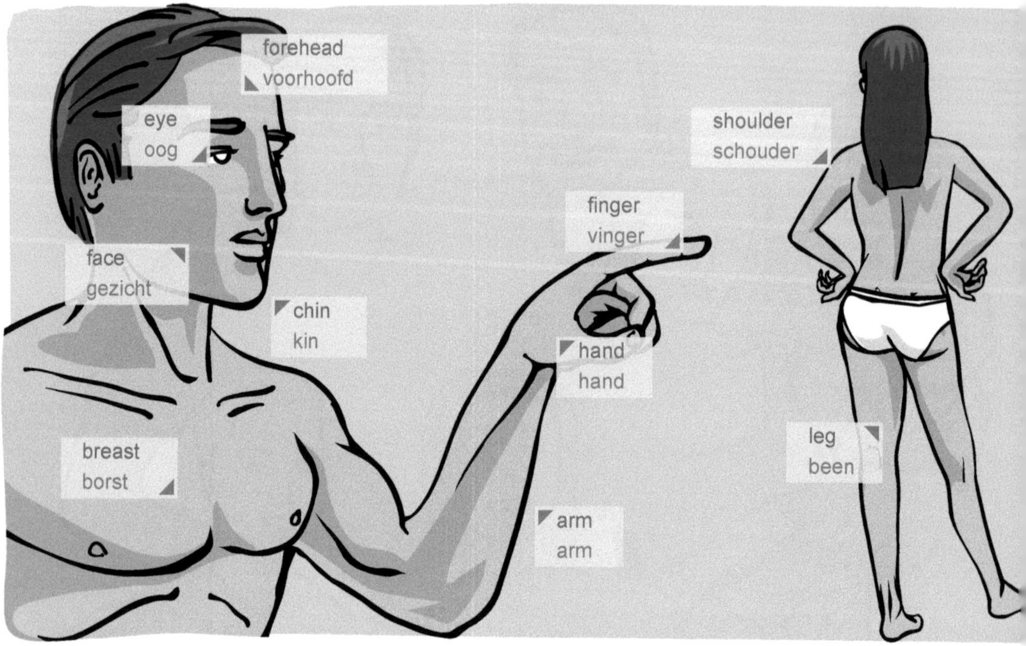

forehead
voorhoofd

eye
oog

shoulder
schouder

finger
vinger

face
gezicht

chin
kin

hand
hand

breast
borst

leg
been

arm
arm

baby

baby

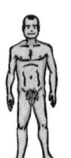

man

man

woman

vrouw

girl

meisje

boy

jongen

head

hoofd

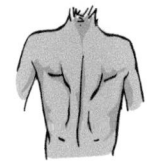

back
rug

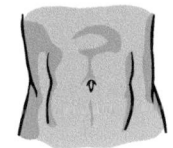

belly
buik

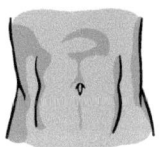

navel
navel

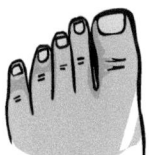

toe
teen

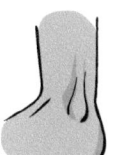

heel
hiel

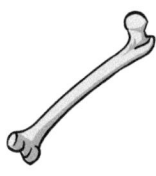

bone
bot

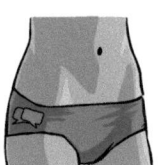

hip
heup

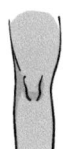

knee
knie

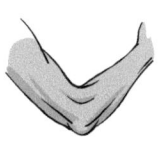

elbow
elleboog

nose
neus

buttocks
zitvlak

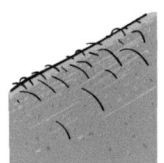

skin
huid

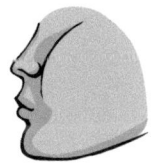

cheek
wang

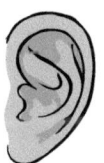

ear
oor

lip
lip

body - lichaam

mouth

mond

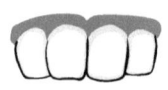

tooth

tand

tongue

tong

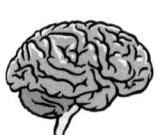

brain

hersenen

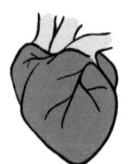

heart

hart

muscle

spier

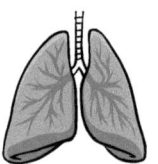

lung

long

liver

lever

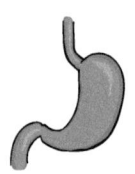

stomach

maag

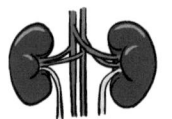

kidneys

nieren

sex

seks

condom

condoom

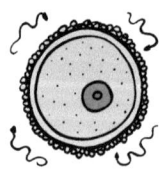

ovum

eicel

semen

sperma

pregnancy

zwangerschap

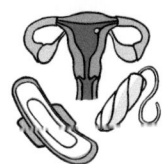

menstruation

menstruatie

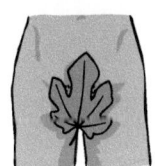

vagina

vagina

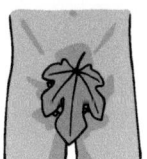

penis

penis

eyebrow

wenkbrauw

hair

haar

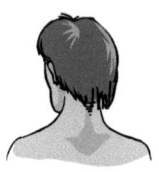

neck

nek

hospital
ziekenhuis

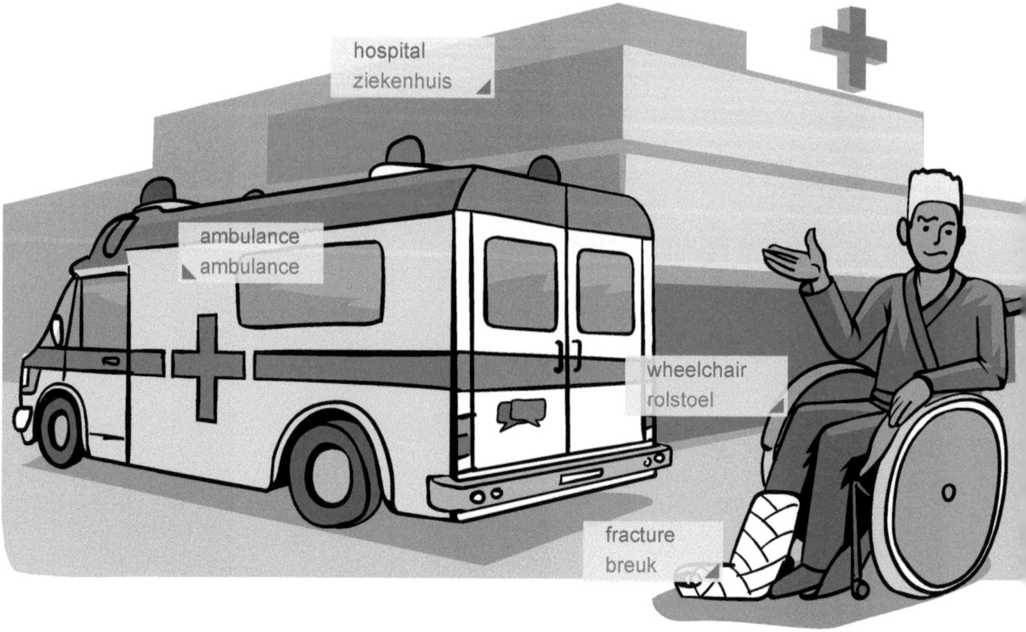

hospital
ziekenhuis
ambulance
ambulance
wheelchair
rolstoel
fracture
breuk

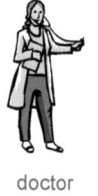

doctor
dokter

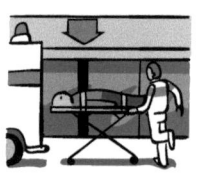

emergency room
spoed

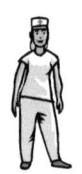

nurse
verpleegkundige

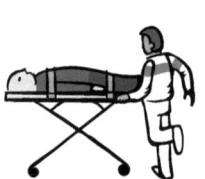

emergency
noodgeval

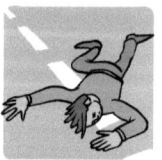

unconscious
bewusteloos

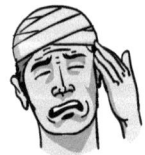

pain
pijn

injury

verwonding

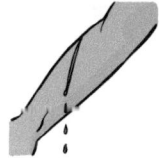

bleeding

bloeding

heart attack

hartaanval

stroke

beroerte

allergy

allergie

cough

hoest

fever

koorts

flu

griep

diarrhea

diarree

headache

hoofdpijn

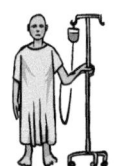

cancer

kanker

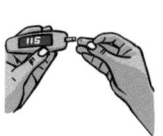

diabetes

diabetes

surgeon

chirurg

scalpel

scalpel

operation

operatie

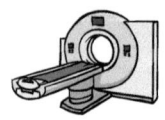

CT
CT

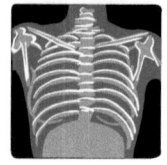

x-ray
röntgenstraal

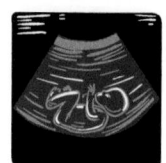

ultrasound
ultrageluid

face mask
gezichtsmasker

disease
ziekte

waiting room
wachtkamer

crutch
kruk

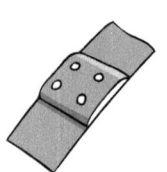

plaster
pleister

bandage
verband

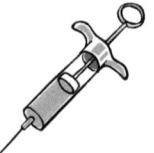

injection
injectie

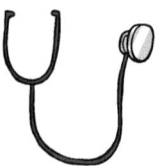

stethoscope
stethoscoop

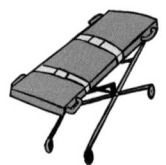

stretcher
brancard

clinical thermometer
thermometer

birth
geboorte

overweight
overgewicht

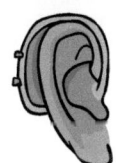

hearing aid

hoorapparaat

disinfectant

ontsmettingsmiddel

infection

infectie

virus

virus

HIV / AIDS

HIV / AIDS

medicine

medicijn

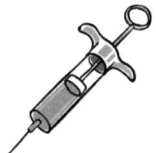

vaccination

vaccinatie

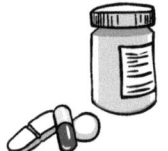

tablets

tabletten

pill

pil

emergency call

noodoproep

blood pressure monitor

bloeddrukmeter

ill / healthy

ziek / gezond

Help!

Help!

alarm

alarm

assault

overval

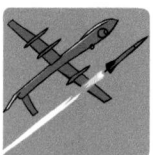

attack

aanval

danger

gevaar

emergency exit

nooduitgang

Fire!

Brand!

fire extinguisher

brandblusser

accident

ongeval

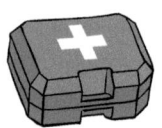

first-aid kit

EHBO-kit

SOS

SOS

police

politie

Europe

Europa

North America

Noord-Amerika

South America

Zuid-Amerika

Africa

Afrika

Asia

Azië

Australia

Australië

Atlantic

Atlantische Oceaan

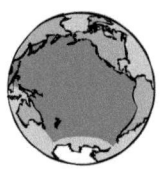

Pacific

Stille Oceaan

Indian Ocean

Indische Oceaan

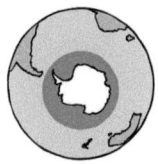

Antarctic Ocean

Antarctische Oceaan

Arctic Ocean

Arctische Oceaan

North pole

Noordpool

South pole

Zuidpool

Antarctica

Antarctica

earth

aarde

land

land

sea

zee

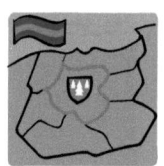

island

eiland

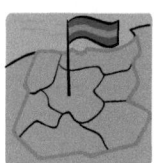

nation

natie

state

staat

clock face
....
wijzerplaat

hour hand
....
uurwijzer

minute hand
....
minuutwijzer

second hand
....
secondewijzer

What time is it?
....
Hoe laat is het?

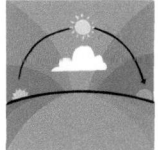

day
....
dag

time
....
tijd

now
....
nu

digital watch
....
digitale horloge

minute
....
minuut

hour
....
uur

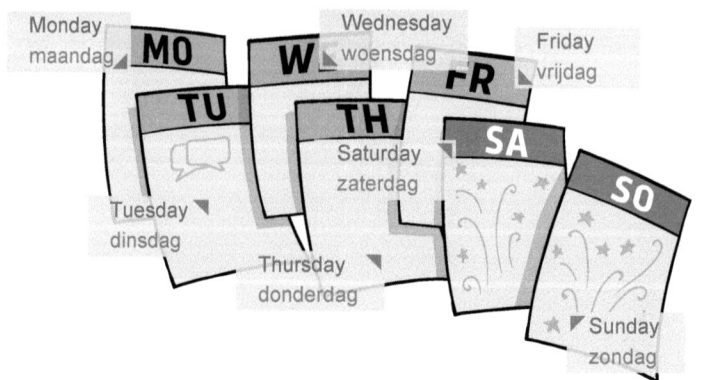

yesterday

gisteren

today

vandaag

tomorrow

morgen

morning

ochtend

noon

middag

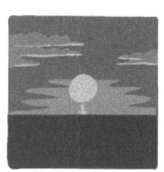

evening

avond

workdays

werkdagen

weekend

weekend

year
jaar

rain
regen
rainbow
regenboog
wind
wind
snow
sneeuw
spring
lente
summer
zomer
fall
herfst
winter
winter

4.APRIL 11°
5.APRIL 4°
6.APRIL 13°
7.APRIL 8°
8.APRIL 10°

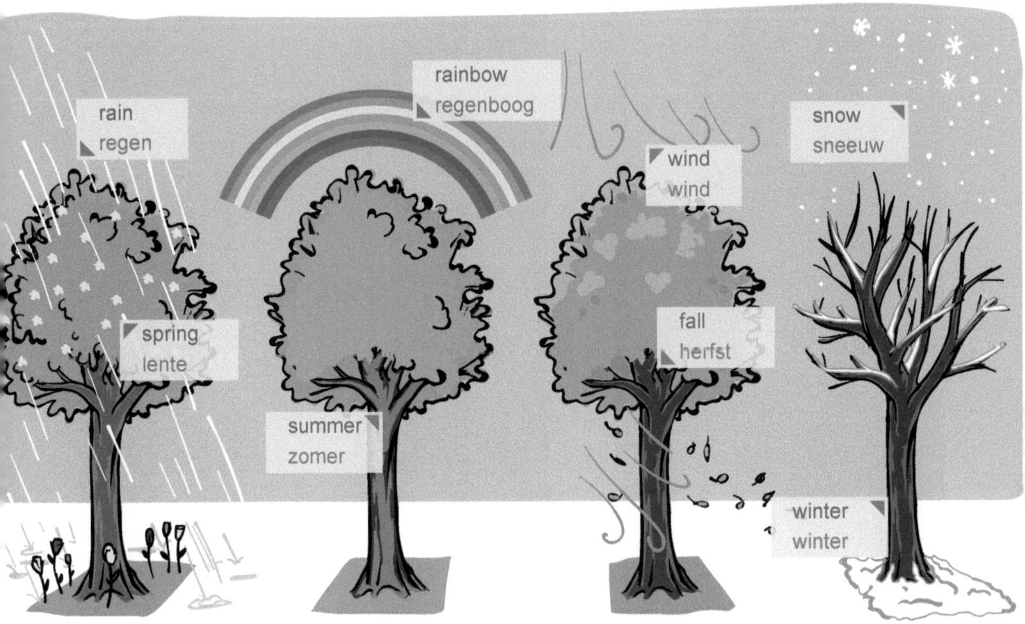

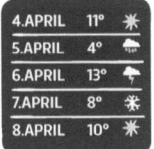

weather forecast
weervoorspelling

F C
120 40
90 30
60 20
30 10
0 0
-30 -10
-20

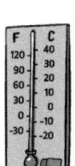

thermometer
thermometer

sunshine
zonneschijn

cloud
wolk

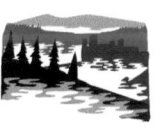

fog
mist

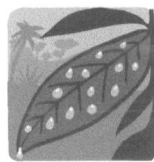

humidity
vochtigheid

lightning

bliksem

thunder

donder

storm

storm

hail

hagel

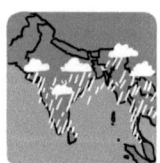

monsoon

moesson

flood

overstroming

ice

ijs

January

januari

February

februari

March

maart

April

april

May

mei

June

juni

July

juli

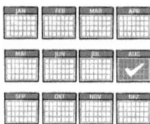

August

augustus

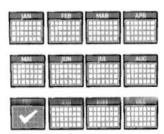

September
....
september

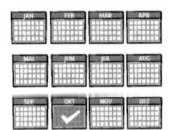

October
....
oktober

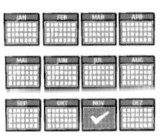

November
....
november

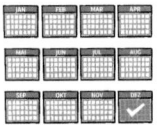

December
....
december

shapes
vormen

circle
....
cirkel

square
....
kwadraat

rectangle
....
rechthoek

triangle
....
driehoek

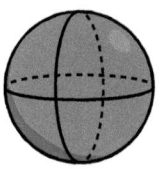

sphere
....
bol

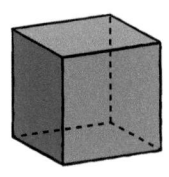

cube
....
kubus

colors

kleuren

white
wit

yellow
geel

orange
oranje

pink
roze

red
rood

purple
paars

blue
blauw

green
groen

brown
bruin

gray
grijs

black
zwart

a lot / a little

veel / weinig

angry / calm

boos / kalm

beautiful / ugly

mooi / lelijk

beginning / end

begin / einde

big / small

groot / klein

bright / dark

licht / donker

brother / sister

broer / zus

clean / dirty

proper / vuil

complete / incomplete

volledig / onvolledig

day / night

dag / nacht

dead / alive

dood / levend

wide / narrow

breed / smal

edible / inedible

eetbaar / oneetbaar

evil / kind

kwaadaardig / vriendelijk

excited / bored

opgewonden / verveeld

fat / thin

dik / dun

first / last

eerst / laatst

friend / enemy

vriend / vijand

full / empty

vol / leeg

hard / soft

hard / zacht

heavy / light

zwaar / licht

hunger / thirst

honger / dorst

ill / healthy

ziek / gezond

illegal / legal

illegaal / legaal

intelligent / stupid

intelligent / dom

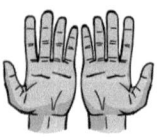

left / right

links / rechts

near / far

dichtbij / veraf

opposites - tegengestelden

new / used
nieuw / gebruikt

nothing / something
niets / iets

old / young
oud / jong

on / off
aan / ult

open / closed
open / dicht

quiet / loud
stil / luid

rich / poor
rijk / arm

right / wrong
juist / fout

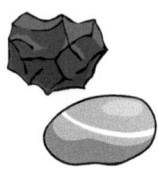

rough / smooth
ruw / glad

sad / happy
droevig / blij

short / long
kort / lang

slow / fast
traag / snel

wet / dry
nat / droog

warm / cool
warm / koud

war / peace
oorlog / vrede

numbers

cijfers

0

zero

nul

1

one

één

2

two

twee

3

three

drie

4

four

vier

5

five

vijf

6

six

zes

7

seven

zeven

8

eight

acht

9

nine

negen

10

ten

tien

11

eleven

elf

12

twelve

twaalf

13

thirteen

dertien

14

fourteen

veertien

15

fifteen

vijftien

16

sixteen

zestien

17

seventeen

zeventien

18

eighteen

achtien

19

nineteen

negentien

20

twenty

twintig

100

hundred

honderd

1.000

thousand

duizend

1.000.000

million

miljoen

languages

Talen

English
....
Engels

American English
....
Amerikaans Engels

Chinese Mandarin
....
Chinees (Mandarijn)

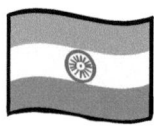

Hindi
....
Hindi

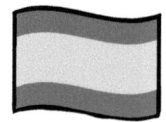

Spanish
....
Spaans

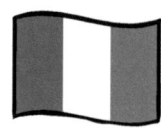

French
....
Frans

Arabic
....
Arabisch

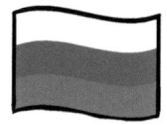

Russian
....
Russisch

Portuguese
....
Portugees

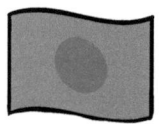

Bengali
....
Bengali

German
....
Duits

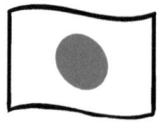

Japanese
....
Japans

I
ik

you
u

he / she / it
hij / zij / het

we
wij

you
u

they
ze

who?
wie?

what?
wat?

how?
hoe?

where?
waar?

when?
wanneer?

name
naam

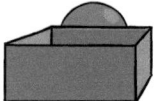

behind

achter

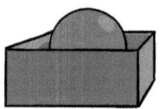

in

in

in front of

voor

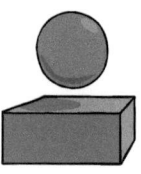

over

boven

on

op

under

onder

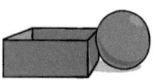

beside

naast

between

tussen

place

plaats